Grundriß
des
gesamten deutschen Rechtes
in Einzelausgaben
von
Paul Posener.

13. Band.

Völkerrecht. Internationalrecht.

Zweite und dritte Auflage.

Berlin 1909.
J. Guttentag, Verlagsbuchhandlung,
G. m. b. H.

A. W. Hayn's Erben, Potsdam.

Inhaltsverzeichnis.

1. Abteilung.

Völkerrecht.

4. Kapitel.

Die Rechte der Staaten.

5. Kapitel.

Die Streitigkeiten der Staaten und ihre Erledigung.

6. Kapitel.

Die Neutralität.

2. Abteilung.

Internationalrecht.

Abkürzungen.

A = Anfechtungsgesetz.
Abs = Absatz.
ALR = allgemeines Landrecht (Preußen).
Ausf- = Ausführungsgesetz zu . . . . .
B = Bürgerliches Gesetzbuch.
Bn = Binnenschiffahrtsgesetz.
Band = Band des Grundrisses.
C = Strafprozeßordnung.
Cod = Codex.
D = Digesten.
E = Eisenbahnverkehrsordnung.
Einf- = Einführungsgesetz zu . . . . .
F = Reichsgesetz über freiwillige Gerichtsbarkeit.
Fl = Flößereigesetz.
G = Gerichtsverfassungsgesetz.
Gb = Ges. betr. die Gesellschaften mit beschränkter Haftung.
Gn = Genossenschaftsgesetz.
Gr = Grundbuchordnung.
Gw = Gewerbeordnung.
H = Handelsgesetzbuch.
J = Institutionen.
JRA = Jüngster Reichsabschied.
K = Konkursordnung.
KG = Entsch. des Kammergerichtes.
MC = Militärstrafgerichtsordnung.
MS = Militärstrafgesetzbuch.
Nr. = Nummer.
P = Patentgesetz.
Po = Postgesetz.
pr = preußisch.
R = Reichsverfassung.
RG = Entscheidungen des Reichsgerichtes.
RMG = Entscheidungen des Reichsmilitärgerichtes.
ROLG = Rechtsprechung der Oberlandesgerichte.
S = Strafgesetzbuch.
SC = senatus consultum.

sc. = saeculum.
Ssp = Sachsenspiegel.
Swsp = Schwabenspiegel.
U = Urheberrechtsgesetz.
V = Verfassung.
Vl = Verlagsgesetz.
Vv = Versicherungsvertragsgesetz.
vgl. = vergleiche.
W = Wechselordnung.
w. o. = weiter oben.
w. u. = weiter unten.
Z = Zivilprozeßordnung.
Zg = Zwangsversteigerungsgesetz.

Anfragen und Berichtigungen werden an die Adresse der Verlagsbuchhandlung oder direkt an den Verfasser Assessor Dr. iur. Paul Posener in Charlottenburg 2, Bleibtreustraße 18, erbeten.

1. Abteilung.

Völkerrecht.

§ 1. **Völkerrecht** ist die Gesamtheit der Normen, welche die Rechtsbeziehungen der Staaten in ihrem Verkehre beherrschen.

I. Das Völkerrecht ist ein Teil des Staatenrechtes, d. h. desjenigen Rechtes, welches die Rechtsverhältnisse der Staaten als solcher normiert. Das Staatenrecht umfaßt daher:

1. das äußere Staatsrecht, d. h. denjenigen Teil des nationalen Staatsrechtes, welcher die Zuständigkeit und die Befugnisse der staatlichen Organe im Verhältnisse zum Auslande bestimmt;

2. das Völkerrecht;

3. das Internationalrecht, d. h. die gesamten Normen über die Anwendung einer bestimmten Rechtsordnung bei Beteiligung verschiedener Rechte und Rechtsgebiete.

Das Internationalrecht ist nicht auf das Gebiet des privaten und des Strafrechtes beschränkt, sondern hat auch für das Prozess-, Verwaltungs-, Versicherungs-, Finanzrecht grosse Bedeutung.

II. Das Völkerrecht ist ein Recht des Verkehres: es bestimmt das Verhalten eines Staates bei seinem Auftreten außerhalb seiner innerstaatlichen Zuständigkeit.

1. Grundsätzlich gilt das Völkerrecht im Verkehre derjenigen Staaten, welche am völkerrechtlichen Verkehre offiziell teilnehmen.

2. Das Völkerrecht hat ökumenische Geltung, d. h. es ist auch dann maßgebend, wenn die andere Partei nicht zum offiziellen Völkerrechtsverkehre zugelassen ist.

Dies gilt namentlich für das Kriegsrecht, indem das Völkerrecht das Verhalten des agierenden Staates ohne Rücksicht auf den (barbarischen, unkultivierten) Gegner bestimmt (sehr bestritten); es zeigt sich ferner im Vertragsrechte, da zivilisierte Staaten mit solchen, die noch nicht am Völkerrechtsverkehre teilnehmen, Bündnisse, Freundschafts-, Schiffahrts-, Handels-, Postverträge abschliessen, mit ihnen auch Gesandtschaftsverkehr unterhalten.

3. Teilnehmer am europäischen Konzerte sind die romanischen und germanischen Staaten Europas und deren Kolonialstaaten, sodann die slawischen Staaten. Seit dem Pariser Vertrage vom 30. März 1856 ist die Türkei aufgenommen, aber durch christliche Konsularjurisdiktion beschränkt worden. Japan ist seit der Beendigung des Russisch-Japanischen Krieges 1905 als Großmacht in die Völkerrechtsgemeinschaft aufgenommen worden.

III. Innerhalb der Völkergesellschaft, famille des nations, besteht ein Völkerrechtsindigenat, kraft dessen jeder Rechtsgenosse auf den völkerrechtlichen Schutz seines Staates rechnen kann.

Literatur: Eine deutsche Bearbeitung des Völkerrechtes, die in juristischer, historischer, literarischer Beziehung genügt, fehlt; insbesondere ist die sehr reichhaltige französische und englische Literatur nirgends ausreichend berücksichtigt. – Die beste Darstellung: v Holtzendorff, Handbuch, 4 Bände (veraltet). — Heilborn bei v. Holtzendorff, Enzyklopädie 2; Rivier, Lehrbuch; Ullmann, 2. Aufl.; v. Liszt, Lehrbuch, 5. Aufl.

§ 2. **Die Geltung des Völkerrechtes** als eines positiven Rechtes ist nicht zu bezweifeln: die Staaten erkennen es trotz des fehlenden Zwanges ausnahmslos als verbindend an. Ebenso ist eine Entscheidung durch Schiedsspruch möglich; auch werden die Sätze des Völkerrechtes von den staatlichen Gerichten als Rechtssätze angewendet.

Aeltere Gegner eines positiven Völkerrechts: Pufendorf, Thomasius; nach ihnen ist das Völkerrecht nur ein Stück Naturrecht, nichts Positives, weil aus Verträgen kein Recht entstehen könne.

Neuere Gegner: Zorn, Lasson, Lorimer; nach Zorn ist das Völkerrecht übereinstimmendes Gewohnheitsrecht aller Staaten, die am diplomatischen Verkehr teilnehmen, eine Reihe von Grundsätzen für den diplomatischen Verkehr, deren Anerkennung als eine moralisch-politische Pflicht der Staaten gegeneinander betrachtet wird; er bezeichnet es auch als äusseres Staatsrecht.

Nach von Savigny ist das Völkerrecht zwar positives Recht, aber nur eine unvollendete Rechtsbildung wegen der Unvollständigkeit eines sicheren Inhaltes und wegen des Fehlens der realen Grundlage, nämlich der Staatsgewalt und des Richteramtes.

1. Kapitel.

Die Rechtsquellen.

§ 3. **Die Quellen des Völkerrechts** sind von denen anderer Rechtsmaterien wesentlich verschieden.

I. Eine Gesetzgebung ist im Völkerrechte nicht möglich, da über souveränen Staaten keine gesetzgebende Gewalt bestehen kann.

Gesetzgebungsversuche im Völkerrechte sind ohne Erfolg versucht worden.

Beispiele: Der französische Nationalkonvent 1792; Präsident Lincoln (USA) 1863 hat die von Lieber verfassten Sätze des Kriegsrechtes als Instruktion für das Unionsheer erlassen.

Field regt 1866 bei der British Social Science Association in Manchester die Einsetzung einer Kommission für Ausarbeitung eines Völkerrechtsgesetzbuches an.

Russische Versuche für die Kodifikation des Kriegsrechtes, Einberufung eines internationalen Kongresses nach Brüssel auf den 27. Juli 1874.

II. Gewohnheitsrecht bildet Völkerrecht; maßgebend ist das tatsächliche, nicht unterbrochene Bekunden der gemeinsamen Rechtsüberzeugung.

Massgebend ist die Überzeugung (nicht der einzelnen als solcher, sondern) der Staaten, welche sich bei denselben Organen dokumentiert, die den höchsten Willen des Staates auch in anderen Beziehungen bekunden.

III. Vertragsrecht ist die in neuerer Zeit wichtigste Quelle des Völkerrechtes.

§ 4. **Die erste Haager Friedenskonferenz.** Graf Murawjew, der russische Minister des Auswärtigen, überreicht am 24. August 1898 allen diplomatischen Vertretern eine Mitteilung, nach der Nikolaus II. den Zusammentritt einer Konferenz zwecks Abrüstung vorschlägt.

Die Eröffnung des Friedenskongresses hat im Haag am 18. Mai 1899 durch den niederländischen Minister des Aeussern de Beaufort stattgefunden. Vorsitzender ist der russische Gesandte in London von Staal. Vertreter sind 26 souveräne Staaten mit etwa 100 Delegierten, für das Deutsche Reich Fürst Münster und die Professoren von Stengel und Zorn. Der Schluss der Konferenz ist am 29. Juli 1909 erfolgt.

I. Zustande gekommen sind drei Verträge über:

1. friedliche Beilegung internationaler Streitigkeiten,

2. Gesetze und Gebräuche für den Landkrieg,

3. Ausdehnung der Genfer Konvention von 1864 auf den Seekrieg.

II. Es sind drei Erklärungen abgegeben worden:

1. Verbot des Werfens von Geschossen und Sprengstoffen aus Luftballons.

2. Verbot der Anwendung explodierender und beim Aufschlagen sich ausdehnender Geschosse (Minimum: über 400 g für ein Geschoß aus Handfeuerwaffen).

3. Verbot der Verwendung von Geschossen, die giftige oder Stickgase zu verbreiten bestimmt sind.

III. Haag ist der Sitz des ständigen Schiedsgerichtshofes, in Bern befindet sich ein permanentes Bureau. Alle Staaten, deren Vertreter die Verträge und Erklärungen unterzeichnet haben, haben sie ratifiziert, ausgenommen China, Luxemburg, Serbien, Türkei. Auch diese sind großenteils 1907 beigetreten.

Die Arbeit der Haager Konferenz hat sich auf drei Kommissionen verteilt: 1. Einschränkung der Rüstungen, 2. Kriegsgesetzgebung, 3. Vermittelung und Schiedsgericht.

§ 5. **Die zweite Haager Friedenskonferenz** tagte vom 15. Mai 1907 bis zum 18. Oktober 1907 im Haag. In der Schlußakte vom 18. Oktober 1907 werden folgende Konventionen und eine Erklärung als abgeschlossen aufgezählt:

I. Convention pour le règlement pacifique des conflits internationaux.

II. Convention relative au recouvrement des dettes contractuelles.

III. Convention relative à l'ouverture des hostilités.

IV. Convention concernant les lois et coutumes de la guerre sur terre.

V. Convention concernant les droits et les devoirs des puissances et des personnes neutres en cas de guerre sur terre.

1*

VI. Convention relative au régime des navires de commerce ennemis au début des hostilités.

VII. Convention relative à la transformation des navires de commerce en bâtiments de guerre.

VIII. Convention relative à la pose des mines sousmarines.

IX. Convention concernant le bombardement par des forces navales en temps de guerre.

X. Convention pour l'adaptation à la guerre maritime des principes de la convention de Genève.

XI. Convention relative à certaines restrictions à l'exercise du droit de capture dans la guerre maritime.

XII. Convention relative à l'établissement d'une cour internationale des prises.

XIII. Convention concernant les droits et les devoirs des puissances neutres dans la guerre maritime.

XIV. Déclaration relative à l'interdiction de lancer des projectiles et des explosifs du haut de ballons.

§ 6. **Die Londoner Seekriegsrechtskonferenz** tagte vom 4. Dezember 1908 bis zum 26. Februar 1909.

I. Erklärung über das Seekriegsrecht vom 26. Februar 1909 in neun Kapiteln:

1. Die Blockade in Kriegszeiten, 21 Artikel.
2. Kriegskonterbande, Artikel 22—44.
3. Neutralitätswidrige Unterstützung, Artikel 45—47.
4. Zerstörung neutraler Prisen, Artikel 48—54.
5. Flaggenwechsel, Artikel 55 und 56.
6. Feindliche Eigenschaft, Artikel 57—60.
7. Geleit, Artikel 61 und 62.
8. Widerstand gegen die Durchsuchung, Artikel 63.
9. Schadensersatz, Artikel 64.

Schlußbestimmungen, Artikel 65—71.

II. Wunsch bezüglich der Errichtung des Internationalen Prisenhofes.

§ 7. **Die Entwickelung des Völkerrechtes** läßt mehrere Perioden erkennen.

I. Antike Völker werden in ihren gegenseitigen Beziehungen fast nur von der Sucht nach Herrschaft geleitet; der Krieg ist die Regel.

Die Versuche, ein Völkerrecht im alten Aegypten oder China zu entdecken, gehen kaum über eine dilettantische Spielerei hinaus.

Ius gentium ist nicht Völkerrecht, sondern Weltrecht, d. h. eine Reihe von Rechtssätzen, welche bei den zivilisierten Völkern des Altertums übereinstimmend galten, sowie Sätze über das gegenseitige Verhältnis der Staaten.

II. Im Mittelalter bestand zwischen christlichen und nichtchristlichen Völkern absolute Feindschaft. Da die Christenheit als ein großes christliches und weltliches Reich galt, war kein Völkerrecht erforderlich.

Unter den Mittelmeerstaaten finden sich bereits Anfänge des Völkerseerechtes. Diplomatischer Verkehr zwischen den italienischen Republiken.

III. Entscheidend für die Bildung des modernen Völkerrechtes war das Entstehen eines Systemes unabhängiger Staaten am Ende des Mittelalters, der wachsende Handel und Verkehr, ein regerer geistiger Austausch, das Aufkommen ständiger Gesandtschaften und schließlich der Beginn einer Völkerrechtswissenschaft.

In der Völkerrechtswissenschaft lassen sich vier Entwickelungsstufen unterscheiden:

1. Vor Grotius hat bereits die Bearbeitung einzelner Materien stattgefunden, teils für sich, teils zusammen mit dem Zivilrechte, kanonischem Rechte, der Theologie, Moral, Politik. Zuerst behandelten Spanier und Italiener besonders das Kriegsrecht.

2. Grotius: de iure belli ac pacis libri tres, in quibus ius naturae et gentium, item iuris publici praecipua explicantur. Hugo Grotius (Latinisierung von Huygh de Groot), Philologe, Jurist, Geschichtsschreiber, Staatsmann, ist am 10. April 1583 zu Delft geboren, am 28. August 1645 zu Rostock gestorben.

Das berühmte Werk erschien 1625 zu Paris, soll eigentlich Kriegsrecht behandeln, stellt in Wirklichkeit das gesamte Völkerrecht vornehmlich philosophisch dar und ist die Grundlage der Wissenschaft geworden.

3. Der Engländer Richard Zouch (Zouchäus), 1590 bis 1660, hat in seinem Buche: iuris et iudicii fecialis explicatio eine Darstellung des positiven Völkerrechts gegeben.

4. Zu nennen ferner: John Selden 1584 bis 1654 (Verfasser der Schrift mare clausum); die Naturrechtler Samuel Pufendorf 1632 bis 1694, Christian Thomasius 1655 bis 1728, Johann Franz Buddaeus 1667 bis 1729; schließlich James Lorimer.

Die erste selbständige Darstellung des Seekriegsrechtes hat de Valincourt (geb. 1653) im Jahre 1690 unter dem Titel: des prises qui se font en mer geschrieben; das Manuskript ist bisher noch nicht gedruckt worden.

5. Ausschließlich positive Völkerrechtswissenschaft: Cornelius van Bynkershoek 1673 bis 1743 ist der erste, der Völkerrecht positiv darstellte; später Johann Jakob Moser 1701 bis 1785, G. F. von Martens 1756 bis 1821.

IV. Rationell-positive Schule seit Mitte des 19 sc.

2. Kapitel.

Die Teilnehmer am Völkerrechte.

§ 8. **Der Staat** ist Subjekt des Völkerrechtes.

Die Herrscher erfreuen sich zwar der Ehrenstellung als Souveräne, sind aber nicht Völkerrechtssubjekte.

I. Staat im völkerrechtlichen Sinne ist ein unabhängiges, selbständiges Gemeinwesen, das dauernd in fester Organisation auf einem Teile der Erdoberfläche organisiert besteht.

1. Staat im staatsrechtlichen Sinne siehe Band 29.

2. Zweck des Staates kann sein: die vernünftige Entfaltung der menschlichen Tätigkeit, die Förderung des allgemeinen Nutzens, die Erfüllung der Ziele des Lebens oder der Menschheit; notwendig für die völkerrechtliche Begriffsbestimmung ist als Ziel nur die Existenz des Staates anzunehmen.

Der Souveräne Orden von Malta, unter einem von den Ordensmitgliedern gewählten Grossprior in Rom, hat einen Gesandten in Wien; er ist jedoch kein Staat, da ihm vor allem das Gebiet fehlt.

II. Der Staatsbegriff im Völkerrechte setzt voraus:

1. eine Menschengemeinschaft,
2. eine Regierung,
3. ein Selbstbestimmungsrecht,
4. einen für die Zukunft gesicherten Bestand,
5. ein Gebiet.

Daher sind keine Staaten: die Kirche und die Religionsgesellschaften, auch nicht die römische Kurie; ferner afrikanische Negerstämme, nomadisierende Tartaren, Indianerstämme, die australische Urbevölkerung.

III. Die Souveränität des Papstes ist durch die Einverleibung des Kirchenstaates in das vereinigte Königreich Italien am 9. Oktober 1870 untergegangen, denn die Souveränität haftet am Staate, und das Völkerrecht erkennt als Person nur Staaten an. Durch das italienische Garantiegesetz vom 13. Mai 1871 hat Italien dem Papste Garantieen für seine Unabhängigkeit und die Stellung seiner Gesandten gegeben; dieses Gesetz ist italienisches Staatsgesetz, es ist nicht durch internationale Abmachungen gestützt. Uebrigens haben Pius IX., Leo XIII. und Pius X. dieses Gesetz nicht anerkannt.

In Wirklichkeit wird der Papst oft wie ein Souverän respektiert; er hat Nuntien und Internuntien in Bayern, Oesterreich, Schweiz, Spanien, Portugal, Südamerika. Bei ihm sind beglaubigt: Gesandte von Oesterreich, Spanien, Portugal, Südamerika, ausserdem von Russland, England und seit 1881 Preussen; diese Gesandten sind jedoch nicht völkerrechtliche Vertreter der Staaten, sondern nur Bevollmächtigte, um mit dem Vorsteher einer grossen Glaubensgemeinschaft die Geschäfte abzuwickeln, welche die dem betr. Staate angehörenden Mitglieder dieser Glaubensgemeinschaft betreffen. Kein Staat sieht den Papst als wirklichen Souverän an; so wurde z. B. zu den Haager Konferenzen der Papst nicht geladen.

§ 9. Souveränität hat der Staat, der seine völkerrechtlichen Rechte unabhängig und selbständig üben kann.

I. Maßgebend für die Beurteilung ist lediglich die völkerrechtliche Stellung des Staates.

1. Völkerrechtlich souverän sind insbesondere auch die Einzelstaaten in Bundesstaaten, obwohl ihnen die staatsrechtliche Souveränität fehlt; vgl. Band 29.

2. Auch tributpflichtige Staaten können souverän sein, wenn der Tribut nicht Abhängigkeit bedeutet, sondern andere Zwecke hat.

II. Der Staat gilt in dem Augenblicke als selbständig vorhanden, wo ein Gemeinwesen souveräner Staat wird.

1. Die Anerkennung des souveränen Staates ist zur Entstehung begrifflich nicht erforderlich, jedoch notwendig als Legitimation für den internationalen Verkehr; — sie geht auf die Vergangenheit.

Bei Nichtanerkennung kann Retorsion erfolgen; vgl. w. u. Seite 20. Eine vorzeitige Anerkennung gilt als Parteinahme für den Rebellen oder Eroberer; so z. B. die USA. für Juarez (gegen Maximilian von Mexiko).

2. Garantie für die Unabhängigkeit eines Staates erfolgt durch einen oder mehrere Staaten (Kollektivgarantie); — sie geht auf die Zukunft.

III. Veränderungen in der Staatsform und im Gebiete berühren die Existenz nicht; dagegen tritt der Untergang eines Staates durch Verlust einer der notwendigen Voraussetzungen ein.

§ 10. Staatenfolge (Staatensukzession) ist der Wechsel der Subjekte in völkerrechtlichen Beziehungen.

I. Privatrechtliche Verhältnisse gehen auf den Nachfolger über.

II. Für das öffentliche Recht kommt es auf folgendes an:

1. Notwendig an das Bestehen des untergegangenen Staates geknüpfte Verhältnisse gehen unter, z. B. Verträge; ebenso die unmöglich gewordenen Pflichten.

2. Lediglich das Gebiet betreffende Verhältnisse, z. B. Verträge über Grenzen, bleiben bestehen.

Dies ist auch für Zwischenherrschaften massgebend.

Den Untertanen können im Falle einer Staatensukzession besondere Rechte eingeräumt werden:

a) Option ist ein Recht des ein Gebiet abtretenden Staates (nicht: ein Recht der Bewohner), zu verlangen, dass die Staatsangehörigkeit der Bewohner des abgetretenen Gebietsteiles von diesen selbst durch Wahlerklärung (z. B. Nordschleswig: Preussen oder Dänen) bestimmt werde.

b) Plebiszit: die Bewohner eines abgetretenen Gebietsteiles sollen wählen können, ob sie mitsamt dem von ihnen bewohnten Gebiete an den einen oder anderen Staat fallen sollen.

§ 11. Die äußere Ordnung des Staatenverkehres wird von dem Grundsatze beherrscht, daß alle souveränen Staaten völkerrechtlich gleich und voneinander unabhängig sind.

Eine besondere Stellung nehmen jedoch die Grossmächte ein, ohne deren Einwilligung wesentliche Veränderungen der bestehenden völkerrechtlichen Lage nicht erfolgen können; nur die Grossmächte können (grundsätzlich) Botschafter entsenden und empfangen.

I. Unterschiede mit Bezug auf Ehren und Rang bestehen nach folgenden Gesichtspunkten.

1. Staaten mit königlichen Ehren schicken Gesandte erster Klasse (Botschafter).

Königliche Ehren kommen den Kaiserreichen, Königreichen, Grossherzogtümern und grossen Republiken zu.

2. In der Rangordnung kommen Staaten mit königlichen Ehren

vor solchen ohne königliche Ehren; die Schutzstaaten hinter dem Protektor, der Suzerän vor den halbsouveränen Staaten.

Die Republiken stehen seit Cromwell den Monarchieen gleich.

Der römischen Kurie wird von katholischen Staaten die erste Stelle eingeräumt.

II. Bei völkerrechtlichen Kongressen und Konferenzen wird über den Vorsitz eine Vereinbarung getroffen; in den völkerrechtlichen Urkunden werden die teilnehmenden Staaten regelmäßig in der Reihenfolge des französischen Alphabeths genannt.

In manchen Fällen findet ein Alternat statt, bei welchem von mehreren Staaten gleichen Ranges jeder der Reihe nach die erste Stelle erhält. Statt des Alternates aber kann auch eine Aufzählung pêle-mêle erfolgen. Siehe w. u. § 21 IV.

§ 12. **Staatsangehörige** sind die Mitglieder eines zu einem Staate vereinigten Volkes. Man bezeichnet sie auch als Staatsbürger oder Untertanen.

Ueber den Erwerb und den Verlust der Staatsangehörigkeit entscheidet das Staatsrecht; vgl. Band **11**.

I. Fremde sind Ausländer, die sich zeitweilig im Inlande aufhalten; haben sie Grundbesitz, so heißen sie Landsässige oder Forensen.

II. Schutzgenossen sind Personen, welche im Auslande von einem anderen als ihrem Heimatlande in Schutz genommen werden.

III. De facto Untertanen sind Personen, denen durch einen besonderen Schutzbrief der Schutz eines ihnen fremden Staates zuteil wird, z. B. frühere Nationale, ferner staatsfremde, aber der Vertretung des Staates im Auslande dienende Personen (z. B. Pundits, Kawassen).

3. Kapitel.

Völkerrechtliche Gebietsverhältnisse.

§ 13. **Gebiet** ist ein Teil der Erdoberfläche, welcher der Gebietshoheit eines Staates ausschließlich unterworfen ist.

I. Man unterscheidet Landgebiet, Wassergebiet, Luftgebiet. Die Kriegsschiffe gelten als schwimmende Gebietsteile.

Handelsschiffe auf hoher See gelten gleichfalls als schwimmendes Territorium; im fremden Hafen sind sie jedoch der fremden Staatshoheit unterworfen.

II. Flüsse gehören dem Staate, soweit sie in ihm liegen, Grenzflüsse bis zur Mitte oder bis zum Talweg (§ 14, II). Nationale Flüsse heißen diejenigen, welche mit dem ganzen Laufe in demselben Staatsgebiete liegen.

III. Das Küstenmeer gehört zum Staate drei Seemeilen von der niedrigsten Ebbelinie aus, früher Kanonenschußweite (ubi finitur armorum vis). Das Binnenmeer gehört zum Staatsgebiete, ebenso die Landseeen, Meerbusen, Buchten, Häfen, auch Meerengen.

1. Cabotage ist die Küstenfrachtschiffahrt, welche, in den territorialen Küstengewässern betrieben, der landesrechtlichen Regelung unterliegt. Der

Staat kann die cabotage freigeben, so dass sie allen, — oder vertraglich zulassen, so dass sie einzelnen (den Vertrags-) Staaten zusteht (Reichsgesetz vom 22. Mai 1881). Zweifelhaft ist die Zulässigkeit der Staffel-Küstenfrachtfahrt (commercio de escala), bei welcher ein fremdes Schiff zunächst direkt vom Auslande in einen inländischen Hafen einläuft, dort seine Ladung teilweise löscht, aber den Rest der aus dem Auslande mitgeführten Ladung sodann in einem anderen inländischen Küstenhafen löschen will. Man wird wegen der Gefahr einer Umgehung des Verbotes der cabotage und wegen der leicht möglichen Schädigung des eigenen Frachthandels (durch Aufnahme neuer Ladungen) auch die Staffelfahrt als cabotage ansehen.

2. Das deutsche Schiff Frankonia, welches im Kanal einen Zusammenstoss hatte, wurde, da die englischen Gerichte ihre Zuständigkeit verneinten, der Anlass zur Erlassung des Territorial Waters act 1878, welcher die englischen Gerichte für die in den Küstengewässern Englands entstehenden Rechtsverhältnisse für zuständig erklärt.

IV. Das offene Meer (die hohe See) ist frei; territoriale Ansprüche bestehen nicht.

So bereits Grotius mare liberum 1609; gegen ihn: Selden mare clausum 1636 (mit Rücksicht auf die Irish Sea). — Im Sinne von Grotius Bynkershoek de dominio maris 1702.

Auch das Beringsmeer ist offenes Meer; die von den USA. (seit dem Erwerbe von Alaska 1867) behauptete Schliessung (und dementsprechend erfolgte Beschlagnahme englischer Robbenfänger) ist von dem Schiedsgerichte in Paris 1893 zurückgewiesen worden.

V. Kondominat ist das Eigentum zweier Staaten pro indiviso, entstanden durch Vertrag infolge früheren gemeinsamen Besitzes oder auf Grund gemeinsamer Eroberung.

Beispiel: Moresnet oder Kelmis gehört Preussen und Belgien gemeinsam wegen Unklarheit des Grenzvertrages vom 31. Mai 1815; die Fasaneninsel in der Bidassoa gehört Frankreich und Spanien.

§ 14. **Grenzen** sind Linien, welche die Staatsgebiete voneinander scheiden.

I. Natürliche Grenzen sind Flüsse, Berge, Wälder, Abgründe, Hügel.

II. Künstliche Grenzen sind Grenzsteine, Schlagbäume, Wälle, Mauern, Gräben, im Wasser flottierende Tonnen.

Ist ein Gebirge die Grenze, dann läuft die Grenze dem Gebirgskamme oder der Wasserscheide entlang; bei Flüssen ist die Mittellinie oder häufiger der Talweg maßgebend, d. i. die Mittellinie des tiefsten Stromlaufes.

§ 15. **Der Gebietserwerb** kann sein:

I. Natürlicher Erwerb durch Akzession, z. B. Anschwemmung, Austrocknung eines Flußbettes, Inselbildung.

II. Juristische Erwerbsart ist die Okkupation (infolge Abtretung) oder Eroberung.

III. Der Erwerb kann originär oder derivativ erfolgen.

IV. Gebietsverlust tritt ein: durch Naturereignisse, Abtretung, erfolgreichen Abfall, Eroberung und Dereliktion.

§ 16. **Internationale Flüsse** sind solche Flüsse, welche vom Meere aus schiffbar sind und durch mehrere Staaten fließen; sie sind für Schiffahrtszwecke allen Staaten gemeinsam.

I. Früher bestanden sehr lästige Beschränkungen, sogar für die Anwohner; durch den französischen Nationalkonvent 1792 ist erklärt worden, daß der Lauf der Flüsse gemeinsames und unveräußerliches Eigentum aller von deren Gewässern benetzten Völker sei. Die Internationalität ist erklärt worden:

1. für den Rhein durch den Pariser Vertrag vom 30. Mai 1814;

2. für die Donau durch den Pariser Frieden 1856;

Die Schiffahrt auf der Donau ist frei (Pariser Friede vom 30. März 1856). Die Schiffahrtsakte vom 2. November 1865 neutralisiert die Arbeiten (Anstalten) und Personen, welche von der Europäischen Donaukommission geschaffen sind. Durch den Londoner Vertrag vom 13. März 1871 wird dies bestätigt; der Berliner Vertrag vom 13. Juli 1878 dehnt die Neutralität bis zum Eisernen Tor aus; Kriegsschiffen ist die Fahrt auf dem neutralen Teile untersagt. Über die Kommission siehe w. u. S. 19.

3. für den Kongo, Niger und Benue 1885 durch die Berliner Kongoakte.

II. Der Suezkanal ist seit 1888 für international erklärt worden.

Durch Vertrag zwischen den USA und Panama von 1903 untersteht der Panamakanal den USA.

§ 17. **Die Freiheit des Meeres** wird allgemein und ausnahmslos anerkannt; siehe w. o. Seite 9.

I. Meeresteile und Meerengen können besonderem Rechte unterliegen.

Durch den Londoner Vertrag vom 13. Juli 1841 sind die Dardanellen und der Bosporus für nichttürkische Kriegsschiffe geschlossen worden; die Türkei darf fremden Kriegsschiffen die Einfahrt nur in bestimmten Fällen erlauben (Meerengenvertrag vom 13. März 1871, zugleich für das Schwarze Meer).

Für Kauffahrteischiffe und Postdampfer war die Ausfahrt durch die Schwarze-Meer-Enge und durch die Dardanellen seit 1845 freigegeben; seit 1857 ist den Postdampfern, die aus dem Mittelmeer nach Konstantinopel kommen, die Nachtpassage freigegeben worden (aber zeitweilig aufgehoben 1877, 1897).

Russland darf nach dem Pontusvertrage von 1874 die Freiwilligenflotte im Schwarzen Meere halten.

II. Internationale Seeen werden wie internationale Flüsse behandelt.

III. Schiffe auf offener See gelten als schwimmende Gebietsteile ihres Staates, da die offene See in niemandes Gewalt steht. Jedes Schiff hat Nationalflagge und Schiffspapiere.

1. Die Kriegsschiffe haben auf offener See die Seepolizei, daher das Recht der Feststellung der Nationalität der Privatschiffe auf offener See.

Schiffe, welche des Seeraubes verdächtig sind, zeigen keine oder eine falsche Flagge; das Kriegsschiff fordert zum Zeigen der Flagge auf (blinder Schuss) und sendet bei Verdacht einen Offizier ab, um die Schiffspapiere zu prüfen. — Seeraub ist jede Gewalttat auf hoher See ohne Vorliegen einer nationalen Zuständigkeit. Die Aburteilung erfolgt durch den Kaptor.

2. Das Seestraßenrecht ist international geregelt, namentlich um die Gefahren der Seeschiffahrt (z. B. Zusammenstöße bei Nebel) zu vermeiden.

IV. Seezeremoniell nennt man die Regeln über internationale Höflichkeit zur See. Kein Staat hat Anspruch auf den ersten Gruß. Auch Admiralsschiffe und Schiffe mit regierenden Häuptern erhalten ihn nur da, wo er ihnen zugebilligt ist.

4. Kapitel.

Die Rechte der Staaten.

§ 18. **Das Recht auf Selbsterhaltung** ist das Recht des Staates, sein Vermögen und Gebiet zu erhalten, zu verbessern und zu verstärken.

1. Gegen das Eindringen von Personen aus anderen Staaten hat der Staat das Recht der Abschließung, gegen Verleitung zum Auswandern Strafmaßregeln.

II. Sind Angehörige im Auslande, dann hat er das ius protectionis civilis; damit sie ihre Militär- oder Steuerpflichten leisten, hat er ein Zurückberufungsrecht, litterae avocatoriae.

Wird dieser Aufforderung nicht gefolgt, so kann die Staatsangehörigkeit abgesprochen werden; vgl. Band II.

§ 19. **Das Recht auf Unabhängigkeit** ist das Recht des Staates, ohne fremde Einmischung alle Angelegenheiten selbst durchzuführen, alles selbst zu bestimmen und auszuführen. Hiermit stehen nicht im Widerspruche solche Selbstbeschränkungen, die sich der Staat aus freiem Willen auferlegt.

Weder das Nationalitätsprinzip noch das Legitimitätsprinzip gestatten Eingriffe in die fremde Unabhängigkeit.

I. Jeder Staat kann für sich und sein Oberhaupt einen beliebigen Titel annehmen; die anderen Staaten sind zur Anerkennung des neuen Titels nur dann verpflichtet, wenn der Staat eine dem neuen Titel entsprechende Macht hat.

Seit dem Aachener Protokoll bedarf es zur Annahme des Kaiser- oder Königstitels der Zustimmung der Grossmächte.

II. Beschränkungen eines Staates sind dann möglich, wenn ein Staat durch internationale Abmachungen geschaffen ist.

III. Staatsdienstbarkeiten zwischen zwei souveränen Staaten entstehen durch Vertrag; die Servitut besteht in non faciendo oder in patiendo; hingegegen gilt auch hier der Satz: servitus in faciendo consistere nequit.

Beispiele: Gestattung der Festnahme flüchtiger Verbrecher im Gebiete des dienenden Staates durch Beamte des herrschenden; Errichtung von Bahnhöfen, Brücken, Heeresstrassen; Besatzungsrechte; Truppendurchmärsche in einem fremden Staate.

IV. Die Unabhängigkeit des Staates besteht auch im Auslande für die ihn vertretenden Personen.

Bis ins Mittelalter galt das Personalitätsprinzip; später bis heute das Territorialitätsprinzip, welches lehrte, dass die Ausnahmen hiervon aus Utilitätsrücksichten gemacht seien.

Theorieen: Grotius: Die exterritoriale Person oder Sache ist in den Aufenthaltsstaat nicht eingetreten (negative Fiktion); Bynkershoek: sie sei im Heimatsstaate verblieben (positive Fiktion). England und Amerika halten an beiden Fiktionen fest; Belgien und Italien: gegen die Fiktion, Verwerfung des Sammelbegriffes Exterritorialität und Anerkennung nur einzelner Vorrechte.

Herrschende Ansicht (Heffter, Bluntschli, von Bar, Störk): Exterritorialität ist ein besonderes, durch autoritäre Vorschriften geschaffenes Institut.

1. Exterritorialität ist die Gesamtheit der Ausnahmen von der Jurisdiktion des Staates, in dessen Gebiete die einen fremden Staat vertretenden Personen oder die auf einen fremden Staat sich beziehenden Rechtsverhältnisse sich befinden.

2. Sie gilt für Personen, z. B. Staatshäupter, Gesandte, auch für Konsuln in nichtchristlichen Ländern; für Personengesamtheiten, z. B. Truppen, die nach Völkerrecht sich in fremdem Lande befinden; für Sachen, z. B. Gesandtschaftshotels, Schiffe eines Souveräns mit diesem an Bord, Kriegsschiffe, Staatsschiffe.

Nach G 18, 19 erstreckt sich die inländische Gerichtsbarkeit nicht auf die Chefs und die Mitglieder der beim Deutschen Reiche beglaubigten Missionen, ihre Familienmitglieder, das Geschäftspersonal und die nichtdeutschen Bediensteten.

V. Eine Einmischung in innere Angelegenheiten eines anderen Staates ist grundsätzlich nur gestattet, wenn sie lediglich Interzession (freundliches Zureden, Ratschläge) oder Kooperation (gewünschte Hilfe) ist.

Jedenfalls ist ein gebieterisches Eingreifen in fremde Angelegenheiten unstatthaft.

Eine Ausnahme hiervon ist das Interventionsrecht in zwei Fällen:

1. bei Vertrag oder bei Bundes- und Schutzverhältnis;

2. wegen des Selbsterhaltungsrechtes.

Eine Kollektivintervention ist nur bei Gefährdung der Rechte der Menschheit zulässig (sehr streitig).

Gegen eine Einmischung wenden sich folgende Theorieen:

1. Monroe-Doktrin vom 2. Dezember 1823 gegenüber der Interventionspolitik der heiligen Allianz; jede Einmischung Europas auf amerikanischem Festlande wird zurückgewiesen: Amerika den Amerikanern.

2. Calvo-Doktrin: Südamerika den Amerikanern.

3. Drago-Doktrin: Schulden der südamerikanischen Staaten dürfen von nichtamerikanischen Staaten nicht mit Waffengewalt beigetrieben werden.

§ 20. **Das Recht auf Achtung** zeigt sich in dem Verhalten fremder Staaten zu dem Herrscher und den Vertretern eines Staates.

I. Die Stellung des Staatshauptes bestimmt sich nach dem Staatsrechte.

Ist das Staatshaupt Träger der völkerrechtlichen Staatssouveränität, so heisst es Souverän.

1. Der Souverän hat die Leitung der **auswärtigen** Angelegenheiten,

er schließt Verträge, erklärt Krieg und Frieden; ihm steht die Beglaubigung der Gesandten zu.

2. Der Souverän hat Anspruch auf Titel und Gastrecht; Empfangs-, Begrüßungs-, Geleitsetikette; Schutz gegen Verletzung seiner Persönlichkeit; Exterritorialität.

Reisen der Souveräne in fremde Länder bedürfen vorheriger Anzeige, damit für ihren Schutz gesorgt und die Etikette gewahrt werde. — Inkognito: der Souverän verbittet sich den offiziellen Empfang, beansprucht aber den Schutz des fremden Staates.

II. Der Souverän verliert durch Entthronung oder Thronentsagung seine bevorrechtigte Stellung, wird jedoch aus Höflichkeit noch weiter tituliert.

III. Der Präsident in Republiken ist Vertreter des Staates, ohne Souverän zu sein; daher gelten für ihn bloß diejenigen Vorrechte, welche dem Staate gebühren, nicht aber die persönlichen Ehrenrechte der Souveräne; dennoch wird dem Präsidenten, wenn er eine Mission seines Staates im Auslande erfüllt, Exterritorialität zuerkannt. Frankreichs Präsident gilt allgemein als Souverän.

§ 21. **Das Recht auf Verkehr** unterliegt den Grundsätzen der Diplomatie, d. h. der Gesamtheit der Regeln, nach denen auswärtige Angelegenheiten behandelt werden.

Diplomatisches Korps ist die Gesamtheit aller Diplomaten an einem Hofe; an der Spitze steht der Doyen, der Erste nach Rang und Anziennität, nicht aber nach Alter und Stand; an den katholischen Höfen ist der päpstliche Nuntius immer der Erste.

Der Doyen führt für das Korps den Verkehr mit dem Hofe, stellt die neu Hinzukommenden vor, bewirkt die gemeinschaftliche Erledigung gemeinsamer Angelegenheiten und erhebt Bedenken und Vorstellungen.

I. Gesandtschaftsrecht im objektiven Sinne ist die Gesamtheit der Regeln des diplomatischen Verkehres. Gesandtschaftsrecht im subjektiven Sinne ist das Recht, Gesandte abzuordnen und zu empfangen (aktiv und passiv).

Bis zum Ende des 17. Jahrhunderts bestanden nur zwei Rangklassen: Ambassadeurs und Residenten; später kamen noch Envoyés, ministres accrédités, résidents plénipotentiaires, chargés d'affaires hinzu. Der Streit über den Rang dieser neuen Klassen ist durch das Wiener und das Aachener Reglement beseitigt worden.

Wiener Rangreglement vom 19. März 1815; Aachener Reglement vom 21. November 1818.

II. Die Unterhaltung gesandtschaftlichen Verkehres ist nicht eine internationale Rechtspflicht, jedoch in Europa grundsätzlich zugelassen; nur für den Orient bestehen besondere Verträge. Vor Absendung eines Gesandten wird angefragt, ob er persona grata ist.

1. Für die Absendung und den Empfang von Gesandten gleicher Klasse gilt das Prinzip der Reziprozität; es wird jedoch von der Schweiz nicht beachtet

2. Eine Kollektivgesandtschaft geht namentlich für Kongresse ab. Oft wird auch ein Gesandter für mehrere Höfe bestellt.

III. Nach dem Wirkungskreise der Gesandten sind zu unterscheiden:

1. Geschäftsgesandte für diplomatische Verhandlungen:

a) nur ad hoc für ein einzelnes Geschäft innerhalb der ihnen eigens hierzu erteilten Vollmacht;

b) ständig zu dauernder Vertretung des Absendestaates, und zwar zur Erledigung und Durchführung der erteilten Aufträge, zur Pflege des guten Einvernehmens zwischen dem Absende- und Empfangsstaate, zu regelmäßigen Berichten über alles Bedeutungsvolle im Empfangsstaate, Wahrnehmung der Privatinteressen der Angehörigen ihres Staates, soweit die Staatsinteressen es erforderlich machen.

2. Zeremonialgesandte zum Zwecke feierlicher Mitteilungen.

IV. Die Sprache des diplomatischen Verkehres war bis ins 18. sc. hauptsächlich Lateinisch; seit dem Aachener Frieden 1748 ist Französisch häufig angewendet worden; seitdem ist es üblich geblieben, wenn mehrere Staaten verschiedener Zunge miteinander verhandeln.

Die französische Übersetzung ist aber keineswegs immer korrekt. Deutscher Kaiser heisst: Empereur allemand (nicht: Empereur d'Allemagne); Deutsches Reich heisst: Empire allemand (nicht: Allemagne); gleichwohl werden die falschen Übersetzungen im diplomatischen Verkehre (angeblich aus Sprachgefühl) gern verwendet.

V. Wenn ein Gesandter nicht entsendet werden darf (z. B. an einen halbsouveränen Staat) oder zu kostspielig ist, oder wenn Bedenken gegen die Absendung bestehen, dann werden Halbdiplomaten, d. h. Personen ohne vollen diplomatischen Charakter, entsandt.

1. Agenten und Kommissare sind mit offizieller Vollmacht ausgestattet und erfreuen sich offiziellen Empfanges; sie dienen als Unterhändler bei Geschäften, für die besondere technische Kenntnisse erforderlich sind.

2. Agenten und Kommissare mit offizieller Beglaubigung: Empfang nur in besonderer Audienz; — geheime Agenten, négociateurs secrets, mit halber Exterritorialität.

Nicht zu den Halbdiplomaten gehören:

1. Privatagenten mit Beglaubigung und mit Empfang; sie besorgen nur Privatgeschäfte des Souveräns oder des Fiskus, z. B. Heiratsvermittler, Geldbesorger.

2. Zeitweilig auf fremdem Staatsgebiete tätige Grenzbeamte dürfen nicht verhaftet werden, wenn sie nach Verabredung die Grenze überschreiten.

3. Heimliche Agenten, entweder als politische Detektivs geduldet zur Ueberwachung verdächtiger Staatsangehöriger im Auslande, oder agents provocateurs, Emissäre für unerlaubte politische Zwecke; sie sind strafrechtlich zu behandeln.

§ 22. Die charakterisierten Gesandten werden in vier Rangklassen eingeteilt: 1. außerordentliche und bevollmächtigte Botschafter; 2. außerordentliche Gesandte und bevollmächtigte Minister; 3. Ministerresidenten; 4. ständige Geschäftsträger.

I. Die höhere Klasse geht der niederen vor; innerhalb der Klasse geht es nach lokaler Anziennität, d. h. nach dem Datum der Beglaubigung an dem betr. Hofe.

1. Der Gesandte erhält ein Beglaubigungsschreiben (Kreditiv), bei den ersten drei Klassen von Oberhaupt an Oberhaupt gerichtet, bei Gesandten 4. Klasse zwischen den auswärtigen Aemtern.

Bei Gesandten ad hoc wird statt des Kreditivs eine Vollmacht erteilt.

2. Für die Geschäftsführung des Gesandten ist die geheimzuhaltende Instruktion maßgebend; Ueberschreitungen der Instruktion verbinden den vertretenen Staat nicht. Korrespondenzen werden in Geheimschrift geführt; der Gesandte erhält zu diesem Zweck eine Chiffre.

II. Vorrechte der Gesandten sind:

1. Exterritorialität,

2. Unverletzlichkeit, d. i. Anspruch auf Schutz durch den Empfangsstaat gegenüber Verletzung durch dritte Personen; Notwehr gegenüber der unrechtmäßigen Handlung eines Gesandten ist zulässig,

3. eigene Gerichtsbarkeit, jedoch in begrenztem Umfange:

a) in christlichen Staaten besteht keine Strafgerichtsbarkeit mehr; nur zwei Ausnahmen mit Bezug auf das Personal: bei Übertretungen erfolgt disziplinarische Bestrafung durch den Gesandten, bei Verbrechen und Vergehen hat der Gesandte den ersten Angriff; in Zivilsachen hat er keine streitige, sondern nur die freiwillige Gerichtsbarkeit;

b) in nichtchristlichen Staaten: volle Gerichtsbarkeit über Personal und über alle im Empfangsstaate sich aufhaltenden Angehörigen des Absendestaates und Schutzgenossen; siehe w. o. Seite 8;

4. Kultusfreiheit besteht nur für Gesandte, deren Religion im Empfangsstaate nicht öffentlich anerkannt ist; der Gesandte hat das Kapellenrecht, d. i. unbehinderte Vornahme gottesdienstlicher Handlungen durch einen Geistlichen in einem besonders dazu eingerichteten Raume, der aber nach außen hin als solcher nicht erkennbar sein darf.

III. Eine Suspension der Gesandtschaft erfolgt infolge von Unzuträglichkeiten, oder wenn durch eine Revolution die Legitimation der Staatsgewalt zweifelhaft wird.

IV. Aufhören der Gesandtschaft:

1. bei Wechsel in der Person des Staatshauptes; dies gilt nur für die ersten drei Klassen;

2. bei Abberufung des Gesandten: der Gesandte überreicht das Abberufungsschreiben und erhält ein Rekreditiv;

3. bei Tod des Gesandten, bei Einstellung der diplomatischen Tätigkeit, bei Verletzung des Völkerrechtes ohne Gewährung von Genugtuung, bei Zustellung der Pässe seitens des Empfangsstaates, d. i. Zurücksendung des Gesandten, namentlich wegen Einmischung in die inneren politischen Angelegenheiten des Empfangsstaates;

4. bei Ausbruch des Krieges zwischen dem Absende- und dem Empfangsstaate.

V. Der Botschafter ist beim Oberhaupte des Empfangsstaates beglaubigt. Der Botschafter vertritt den Absendestaat und den Herrscher.

Der Rang der Botschafter wird auch den päpstlichen Legaten, der Rang der Gesandten den Nuntien gewährt

1. Rechte der Botschafter: direkter Verkehr mit dem Oberhaupte des Empfangsstaates, jederzeit Anspruch auf Gewährung einer Privataudienz ohne Vermittelung des Auswärtigen Amtes.

2. Zeremonialrechte: Titel Exzellenz, bei Geistlichen: Eminenz, Empfang in feierlicher Antrittsaudienz beim Staatsoberhaupte und dessen Gemahlin, Bedeckungsrecht (Hut aufsetzen in der Antrittsaudienz zum Zeichen der Gleichheit mit dem Staatshaupte), Recht auf die erste Visite seitens der Mitglieder des diplomatischen Korps und der Hofgesellschaft, Recht auf Baldachin mit Thronsessel im eigenen Empfangssaale, Auffahrt bei feierlichen Gelegenheiten sechsspännig, Köpfe der Pferde mit rotseidenen Quasten (Fioki) dekoriert; die Frau des Botschafters hat einen Ehrensitz auf einem Sessel ohne Lehne (Tabouret) in Gegenwart der Frau des Herrschers.

VI. In der zweiten Klasse rangieren die außerordentlichen Gesandten und bevollmächtigten Minister; für den Papst: Nuntien bei kleineren Staaten. Die Gesandten zweiter Klasse sind beim Oberhaupte des Empfangsstaates beglaubigt, vertreten aber nicht die Person ihres Herrschers, sondern die Staatsregierung.

VII. Die Ministerresidenten bilden auf Grund des Aachener Protokolls die dritte Klasse, wenn sie beim Oberhaupte des Empfangsstaates beglaubigt sind.

VIII. Ständige Geschäftsträger werden nicht beim Herrscher, sondern beim Auswärtigen Amte beglaubigt; sie heißen chargés d'affaires.

Im Gegensatze hierzu sind chargés des affaires die zeitweiligen Vertreter eines Botschafters oder Gesandten.

§ 23. **Konsuln** werden zur Pflege der internationalen Beziehungen wirtschaftlicher Art bestellt.

I. Die Konsuln sind nicht bloße Handelsagenten, nicht lediglich Vertreter von Privatinteressen, sondern Staatsbeamte mit völkerrechtlichen Funktionen.

Konsularische Korps bestehen heute besonders im Orient, jedoch auch in Europa und Amerika.

II. Die Aufgaben der Konsuln sind:

1. die Interessen des Reiches, namentlich in bezug auf Handel, Verkehr, Schiffahrt, tunlichst zu schützen und zu fördern:

2. die Beobachtung der Staatsverträge zu überwachen;

3. Angehörigen der Einzelstaaten und befreundeter Staaten in ihren Angelegenheiten Rat und Beistand zu gewähren.

Gemäss R 56 steht das gesamte Konsulatswesen des Deutschen Reiches unter Aufsicht des Kaisers, der nach Vernehmung des Ausschusses des Bundesrates für Handel und Verkehr die Konsuln anstellt. Gemäss R 4 ist die Anordnung gemeinsamer konsularischer Vertretung Reichssache. Bundesgesetz vom 8. November 1867 über Organisation der Bundeskonsulate. Reichsgesetz vom 7. April 1900 über die Konsulargerichtsbarkeit. — Konsulate der Einzelstaaten im Auslande bestehen nicht; dagegen steht es den Einzelstaaten zu, bei sich Konsuln fremder Mächte das Exequatur zu erteilen.

Die Reichskonsuln sind zuständig zur Bewirkung von Zustellungen, zur Legalisation von Urkunden, Erteilung von Pässen, zur Aufnahme von Notariatsakten, zur nachlassgerichtlichen Fürsorge, zum Schutze und zur Ueberwachung deutscher Schiffe, zum Schutze der deutschen Auswanderer.

Auf Grund einer Ermächtigung des Reichskanzlers sind gewisse Reichskonsuln zur Zeugenvernehmung, Eidesabnahme, zur Vornahme von Eheschliessungen und zur Beurkundung des Personenstandes kompetent.

III. Die Einteilung der Konsuln.

1. Berufskonsuln sind festbesoldete Staatsbeamte und zugleich Untertanen des Absendestaates; — Wahlkonsuln werden widerruflich im Nebenamte gegen Gebühren angestellt, sie sind gewöhnlich Kaufleute des Empfangsstaates.

Die Bezeichnung Wahlkonsul rührt daher, dass sie früher von den Kaufleuten am Orte erwählt wurden.

Frankreich und die USA haben nur Berufskonsuln.

2. Handelskonsuln werden für einzelne Befugnisse, jedoch ohne richterliche Befugnisse und ohne Polizeiverordnungsrecht bestellt; — Jurisdiktionskonsuln haben vollständige gerichtliche und polizeiliche Zuständigkeit, sind richterliche Instanz, haben Polizeiverordnungsrecht; sie kommen nur im Oriente vor.

Deutsche Konsulargerichtsbarkeit besteht in der Türkei (jedoch nicht in Tunis seit 1880), in Aegypten (beschränkt durch die internationalen Gerichte), ferner in Persien, Korea, China, Siam. — In Japan besteht sie seit dem Handelsvertrage von 1896 nicht mehr.

3. Generalkonsuln stehen an der Spitze der für ein fremdes Land errichteten Konsulate und üben das Aufsichtsrecht über die daselbst tätigen Konsuln ihres Staates aus; — unter ihnen stehen Konsuln für kleinere Bezirke und Vizekonsuln (zur Unterstützung des Konsuls oder selbständig an einem kleineren Platze); — die Konsularagenten werden vom Konsul mit Genehmigung seiner vorgesetzten Behörde durch Patent für einen Ort seines Bezirkes (als Privatbevollmächtigte) bestellt.

IV. Vorrechte der Konsuln sind die Führung der Hoheitszeichen des Absendestaates und Unverletzlichkeit der amtlichen Papiere. Die Ahndung von Verbrechen eines Berufskonsuls ist dem Absendestaate überlassen (abgesehen von Staatsverbrechen).

Berufskonsuln sind von direkten persönlichen Steuern und öffentlichen Lasten befreit.

V. Die Anstellung eines Konsuls erfolgt durch Bestallung des Absendestaates und Annahme seitens des Empfangsstaates (durch Plazet oder Erteilung des Exequatur, d. h. der Ermächtigung zur Ausübung seiner Amtsbefugnisse).

VI. Die Beendigung des Konsulates erfolgt durch Verlust des Amtes oder durch Entziehung des Exequatur.

§ 24. Die Staatsverträge entstehen durch die Übereinstimmung des Willens mehrerer Staaten über denselben Gegenstand; sie sind wegen des Konsenses aller Kulturvölker bindend, weil der Nutzen für die Allgemeinheit und die Notwendigkeit der Verträge allgemein anerkannt ist.

Jeder Vertrag wird unter der clausula rebus sic stantibus abgeschlossen, d. h. jeder Staat hat ein Rücktrittsrecht aus Gründen der Selbsterhaltung.

I. Arten der Verträge sind: Hauptverträge und Neben- oder Zusatzverträge; Präliminar- und Definitivverträge; bedingte und unbedingte; einseitig und zweiseitig verpflichtende; auf ewige Zeiten und auf unbestimmte Zeit; offene und geheim gehaltene.

Die Verträge der christlichen Staaten mit der Türkei heissen Kapitulationen.

Nach den Subjekten des Vertrages unterscheidet man Allgemeinverträge (z. B. Weltverträge, Unionen) und Partikularverträge. Nach den vertragschliessenden Organen: Staatenverträge i. e. S. und Aemterverträge.

Nach dem Gegenstande bestehen viele Unterscheidungen, z. B. Eisenbahn-, Post-, Telegraphen-, Handels-, Zoll-, Schiffahrts-, Freundschafts-, Konsular-, Rechtshilfe-, Niederlassungs-, Militär-, Friedensverträge, Kartelle.

Politische Verträge und Verkehrsverträge.

Transitorische oder Dispositivverträge, z. B. über Kauf, Tausch, Vergleich, Frieden.

Gesellschaftsverträge über Bündnisse politischer oder wirtschaftlicher Art.

II. Die Formfreiheit ist für Staatsverträge anerkannt, dennoch ist Schriftlichkeit die Regel, z. B. Unterschrift der Protokolle, Briefe; gewöhnlich werden feierliche Urkunden errichtet, die von den Kontrahenten unterzeichnet werden.

1. Kontrahenten der Staatsverträge sind die Staaten, vertreten durch ihre nach Staatsrecht zuständigen Vertreter.

Gemäss R 11 hat der Kaiser das Recht, Bündnisse und andere Verträge mit fremden Staaten einzugehen; beziehen sich jedoch solche Verträge auf Gegenstände von R 4, dann ist zum Abschlusse die Zustimmung des Bundesrates und zur Gültigkeit die Genehmigung des Reichstages erforderlich.

Staatsverträge sind perfekt, sobald die Unterschrift der Bevollmächtigten vollzogen ist. Dennoch wird wegen der in Betracht kommenden staatlichen Interessen regelmäßig eine Ratifikation verlangt, d. i. die Genehmigung des Staatsvertrages durch das oberste Organ des Staates; daher ist der Vertrag erst mit dem Augenblicke der Ratifikation perfekt. Bei Verweigerung der Ratifikation oder bei Versäumung der Frist für die Ratifikation ist eine Angabe des Grundes erforderlich.

III. Die Urkunde über einen Staatsvertrag hat in der Regel drei Bestandteile:

1. den Introitus: Anrufung Gottes, Angabe der occasio, Bezeichnung der Kontrahenten und ihrer Bevollmächtigten;
2. den eigentlichen Vertrag in numerierten Artikeln;
3. das Schlußwort, enthaltend den Ausdruck des Konsenses, die Angabe der Zahl der Exemplare, den Ort und die Zeit des Abschlusses, schließlich das Siegel und die Unterschriften.

Sicherungsmittel in früherer Zeit waren: Eid, Bürgen, Pfand, Einlager, Konventionalstrafe. — In der Neuzeit erfolgt die Sicherung durch Besetzung des Landes (Realgarantie) oder Garantie i. e. S. (Verbalgarantie)

IV. Der Vertrag wirkt zwischen den Kontrahenten, berührt aber auch die Interessen anderer Staaten; daher ist deren Beitritt möglich. — Wächst das Staatsgebiet, so treten die neuen Gebiete ohne weiteres in die vertraglichen Beziehungen ein (Prinzip der beweglichen Vertragsgrenzen).

1. Beitritt durch Akzession: der beitretende Staat wird Hauptpartei (Signatarmacht) mit denselben Rechten und Pflichten wie die Vertragschließenden.

2. Beitritt durch Adhäsion: der beitretende Staat erklärt in minder förmlicher Art, daß er der Ausführung des Vertrages nicht entgegentreten wolle.

Einspruch ist die Einmischung eines Staates in die seine Rechte verletzenden Verträge oder Verhandlungen anderer Staaten.

V. Nichtig sind unmögliche, unerlaubte, unsittliche Verträge. Wenn ein Vertrag einen bereits mit einem anderen Staate abgeschlossenen zunichte macht, dann ist er zugunsten des früher geschlossenen ungültig. — Der Gegenstand des Staatsvertrages muß hinreichend bestimmt sein.

§ 25. **Die internationalen Kommissionen** kommen vor:

I. als internationale Flußkommissionen:

1. die europäische Donaukommission durch Vereinbarungen von 1856, 1878, 1881;

2. die internationale Kongokommission nach der Akte von 1885;

3. die internationale Kommission für den Suezkanal, Vertrag von 1888.

II. als internationale Sanitätskommissionen in Alexandrien, Bukarest, Konstantinopel und in Tanger (letztere ohne Gerichtsbarkeit).

III. als internationale Finanzkommissionen in der Türkei, Ägypten und Griechenland.

§ 26. **Die internationalen Verwaltungsgemeinschaften** bestehen mit folgenden Einrichtungen:

1. das Bureau des Internationalen Telegraphenvereins seit 1865 in Bern;

2. das Bureau des Weltpostvereins seit 1875 in Bern;

3. das Bureau für Maß und Gewicht seit 1875 in Paris;

4. das Bureau der Vereinigung zum Schutze des gewerblichen Eigentums seit 1883 in Bern; mit diesem Bureau ist vereinigt das Bureau des Verbandes zum Schutze der Werke der Literatur und Kunst seit 1886 in Bern;

5. das Bureau der geodätischen Gesellschaft seit 1864 in Potsdam;

6. das Bureau der Vereinigung zur Bekämpfung des Sklavenraubes und des Sklavenhandels seit 1890 in Brüssel und das damit verbundene maritime Bureau in Zanzibar;

7. das Bureau des Verbandes zur Veröffentlichung der Zolltarife seit 1890 in Brüssel;

8. das Bureau des internationalen Eisenbahnfrachtverkehrs seit 1890 in Bern;

9. das Bureau des ständigen Schiedsgerichtshofes seit 1900 im Haag;

10. das Bureau der ständigen Zuckerkommission seit 1902 in Brüssel;

11. das Internationale Sanitätsamt seit 1903 in Paris;

12. das Internationale Bureau gegen Mädchenhandel.

§ 27. **Die internationalen Gerichte** fungieren als Sondergerichte.

1. Die gemischten Gerichte der Türkei für Handels- und Strafsachen seit 1846 bzw. 1856.

2. Die gemischten Gerichte in Ägypten (Reglement von 1875), und zwar drei Gerichtshöfe erster Instanz für Zivilsachen, Handelssachen und gewisse Strafsachen in Alexandrien, Kairo und Mansurah; sodann der Appellationshof in Alexandrien.

3. Die internationalen Fluß- und Sanitätskommissionen, w. o. § 25.

4. Der ständige Haager Schiedsgerichtshof seit 1899.

5. Kapitel.

Die Streitigkeiten der Staaten und ihre Erledigung.

§ 28. **Die Selbsthilfe.** I. Eine gütliche Erledigung von Streitigkeiten ohne Selbsthilfe und ohne Krieg erfolgt durch Leistung guter Dienste (bons offices) eines Staates, der den streitenden Staaten Gelegenheit zur Einigung geben will.

Die Vermittelung unterscheidet sich von den guten Diensten dadurch, dass der Vermittler eine leitende Stellung einnimmt.

Ein Schiedsspruch erfolgt auf Grund eines Schiedsvertrages oder infolge einer kompromissarischen Klausel.

II. Retorsion ist die Wiedervergeltung erlittener Unbilligkeit zum Zwecke des Aufhörens jener Unbilligkeit; sie ist Härte oder unfreundliches Benehmen, nicht aber eine Ungerechtigkeit.

III. Repressalien sind Zwangsmittel, um eine erwiesene Ungerechtigkeit abzuwehren und Schadensersatz zu erlangen; z. B. Beschlagnahme von Gütern.

Beschlagnahme von Schiffen kann als Repressalie erfolgen, um ein erlittenes Unrecht durch eine rechtswidrige Handlung zu erwidern. — Dagegen wird in Kriegszeiten den feindlichen Handelsschiffen zwecks Vermeidung der Beschlagnahme eine Frist gewährt, um in einen sicheren Hafen zu gehen (24 - Stunden - Recht). Die Beschlagnahme darf nicht der Beginn der Feindseligkeiten sein.

Androlepsie ist die Festnahme von Angehörigen des verletzenden Staates.

IV. Eine Blockade ohne Krieg (Friedensblockade) ist als Zwangsmittel möglich, sie muß jedoch effektiv und notifiziert sein; die sequestrierten

Schiffe werden nach der Blockade ohne Entschädigung zurückgegeben. Siehe w. u. Seite 23.

Die Friedensblockade fand zuerst 1814 (Schweden und England gegen Norwegen) und 1827 im Golf von Volo (Aegäisches Meer) statt.

§ 29. Krieg ist der mit Waffengewalt durchgeführte Kampf zwischen Staaten.

I. Kriegsrecht im subjektiven Sinne ist das Recht eines Staates, Krieg zu führen.

Abhängige Staaten bedürfen hierzu in der Regel der Zustimmung des Suzeräns.

II. Kriegsrecht im objektiven Sinne ist die Gesamtheit der völkerrechtlichen Regeln, welche bei der Kriegführung beobachtet werden.

1. Kriegsmanier ist die Beschränkung der Kriegführung durch die gute Kriegssitte.

2. Kriegsräson ist die Überschreitung des Kriegsgebrauches aus Gründen der Kriegsnotwendigkeit.

Kriegsräson geht vor Kriegsrecht, d. h. ein Abweichen von der Norm wird mit der dira necessitas entschuldigt.

III. Ursache des Krieges ist ein durch Verletzung der Rechte oder Ansprüche der einen Partei herbeigeführter Streit mit der anderen. Ziel des Krieges ist in erster Linie Genugtuung und Schadensersatz, sowie Sicherheit für die Zukunft, ferner aber, da durch den Krieg neue Verbindlichkeiten entstanden sind, Ersatz dieser, eventuell eine Gebietsvermehrung oder Unterwerfung.

1. Die Zuständigkeit zur Kriegserklärung richtet sich nach Staatsrecht.

Der Kaiser ist, wenn ein Angriff auf das Bundesgebiet oder dessen Küsten erfolgt, berechtigt, Krieg zu erklären; sonst ist die Zustimmung des Bundesrates erforderlich, R 11.

2. Formen der Kriegserklärung sind: eine Kriegsverkündigung, Proklamation, ein Manifest. Eine eventuelle Kriegserklärung ist das Ultimatum, d. i. der letzte Vorschlag zur Güte mit Setzung einer Frist zur Antwort; bleibt die Antwort aus, so beginnt der Krieg. — Da eine förmliche Kriegserklärung nicht erforderlich ist, genügt es, daß die Feindseligkeiten begonnen werden.

3. Vorgängige Maßregeln sind die Rückberufung der Staatsangehörigen aus dem Auslande, der Aufruf an das eigene Volk zur Rechtfertigung des Krieges, ebenso die Note an die diplomatischen Vertreter oder dritte Staaten. Der Verkehr mit dem feindlichen Staate kann beschränkt werden, auch können die Angehörigen dieses Staates ausgewiesen werden.

Ferner erfolgt die Abberufung des Gesandten aus dem feindlichen Staate, die Uebertragung des Schutzes der im Feindeslande befindlichen Staatsangehörigen an den Vertreter eines neutralen Staates, die Rückgabe der Pässe an den Vertreter des feindlichen Staates.

Arrêt de prince ist eine staatliche Massnahme gegen Schiffe des Feindes oder Neutraler zwecks Sicherung gegen Verbreitung von Nachrichten. Die im Hafen einer kriegführenden Macht liegenden Schiffe werden an der Ausreise gehindert, um nicht die ihnen während ihres Liegens übermittelten Nachrichten über Truppenbewegungen und Flottenoperationen vorzeitig weitergeben zu können.

4. Der Beginn der Feindseligkeiten ist Tatfrage; nach einem Ultimatum wird eine angemessene Frist abzuwarten sein.

IV. Für die Privatpersonen im Feindeslande ist der Krieg ohne Einfluß; es besteht vollkommene Freiheit des Handels, allerdings nur, wenn der kriegführende Staat hierdurch nicht geschädigt wird.

V. Kriegsschauplatz (Kriegsfeld) ist das Gebiet der kriegführenden Staaten, jedoch nicht das neutrale Gebiet. Die hohe See gilt stets als Kriegsfeld.

§ 30. **Kriegsparteien** (Subjekte des Krieges) sind die kriegführenden Staaten.

Bei einem Aufruhr in einem Staate ist zu beachten, ob die Rebellen eine neue Organisation mit eigenem Willen darstellen; in diesem Falle kann ihnen von dritten Staaten die Anerkennung als kriegführende Partei zugestanden werden.

I. Hauptpartei ist die Partei, welche selbst Krieg führt, also sowohl die Kriegspartei als auch deren Verbündete. — Eine Nebenpartei leistet Kriegshilfe nur in gewissen Beziehungen, z. B. durch Gewährung von Geld, Waffen, Lebensmitteln, durch Gestattung des Durchzuges.

1. Kriegsmacht sind die Staatstruppen, sowohl das stehende Heer als auch die Landwehr, der Landsturm, die Bürgerwehr, die Miliz, die Nationalgarde.

2. Irreguläre Truppen und Freiwillige sind nur dann als Kriegsmacht anzusehen, wenn sie vom Staate ermächtigt sind, unter einem verantwortlichen Anführer stehen, militärisch organisiert sind und eine Uniform oder deutliche Abzeichen tragen.

Kaper sind kriegsmässig ausgerüstete Schiffe von Privatleuten, die im Seekriege mit Erlaubnis der kriegführenden Regierung gegen Schiffe des Feindes kämpfen. Die Kaperei ist seit 1815 wenig verwendet und durch die Pariser Deklaration von 1856 abgeschafft worden. — Wilde Völkerschaften dürfen gegen zivilisierte Staaten nicht losgelassen werden.

II. Verwundete werden gemäß der Genfer Konvention von 1864 und vom 6. Juli 1906 im Landkriege und im Seekriege ohne Unterschied der Nationalität aufgenommen und verpflegt. Die Ambulanzen und Feldlazarette, die Ärzte und Feldprediger sind während ihrer Tätigkeit unverletzlich. Abzeichen: rotes Kreuz (roter Halbmond) im weißen Feld.

Das Reichsgesetz vom 22. März 1902 verbietet den Gebrauch des Roten Kreuzes für Geschäftszwecke; nur den anerkannten Krankenpflegeorganisationen steht es noch zu.

Getötete dürfen nicht beraubt oder verstümmelt werden.

III. Parlamentäre mit weißer Flagge sind unverletzlich; sie brauchen jedoch nicht empfangen zu werden. Militärkuriere gehören zur Kriegsmacht, ebenso die Kundschafter, welche offen auftreten.

Spione werden wegen der grossen Gefährlichkeit summarisch gerichtet, auch wenn sie Soldaten, aber als solche unkenntlich (ohne Abzeichen) sind.

§ 31. **Die Mittel der Kriegführung** sind erlaubt, wenn sie zur Schwächung des feindlichen Staates in jeder Beziehung dienen; was darüber hinausgeht, insbesondere was gegen militärische Ehre und Gewissen verstößt, ist unerlaubt. Eine unnütze Grausamkeit ist völkerrechtswidrig.

Explosivgeschosse sind durch die Petersburger Deklaration von 1868 verboten.

Gift ist in jeder Form verboten; ebenso die Verwendung von Bluthunden.

Die Versagung des Pardons ist unstatthaft.

I. Eine Beschießung offener Plätze ist im allgemeinen nicht statthaft; bei einer Belagerung sollen die Gebäude der Kunst, Wissenschaft und Wohltätigkeit geschont werden, falls sie nicht dem Feinde zu Verteidigungszwecken dienen.

II. Blockade ist die Absperrung von Häfen und Flußmündungen durch Kriegsschiffe oder Truppen, um den Handelsverkehr zu unterbinden.

1. Die Blockade muß effektiv sein und den neutralen Staaten sowie den unter Blockade gelegten Orten notifiziert werden. Erfolgt ein Bruch der Blockade, so verfällt der Blockadebrecher der Konfiskation.

2. Eine fiktive oder papierne Blockade, d. h. eine nicht effektiv aufrechterhaltene Blockade, ist nach der Pariser Seerechtsdeklaration von 1856 unwirksam (abweichend: England und Holland).

Während die Friedensblockade (w. o. Seite 20) nur erlaubte Selbsthilfe ist, untersteht die Blockade in Kriegszeiten dem Kriegsrechte; in ihren Mitteln ist die letztere weitergehend, darf aber nur äusserstenfalls zur Sperrung der Fahrtstrasse (durch Versenken von Steinen, Steinblockade) führen.

§ 32. **Die Behandlung des feindlichen Eigentumes.** Der Krieg ergreift grundsätzlich nur das Eigentum des feindlichen Staates.

I. Im Landkriege wird das unbewegliche Staatseigentum vorläufig besetzt, gelangt jedoch erst mit dem Übergange der Staatsgewalt in das Eigentum des Eroberers. Liegenschaften von Privatpersonen werden nicht genommen.

1. Mobilien des Feindes sind Gegenstand der Beute; jedoch bestehen folgende Einschränkungen: die Beute gehört dem Staate, Privatbeute darf nicht gemacht werden; es dürfen nur solche Mobilien genommen werden, die zur Kriegführung dienen.

2. Privateigentum darf nur auf Requisition gegen Entschädigung oder Empfangsbescheinigung weggenommen werden. An Stelle der Requisitionen können auch Kontributionen in barem Gelde erhoben werden.

II. Im Seekriege ist die Aneignung von Privateigentum feindlicher Staatsangehöriger gestattet. Das genommene Staatseigentum ist Beute; das genommene Privateigentum heißt Prise. Über Kriegskonterbande siehe w. u. Seite 25.

§ 33. **Kriegsverträge** sind die auf den Krieg sich beziehenden oder die während des Krieges geschlossenen Verträge.

1. Zuständig zum Abschlusse von Verträgen während des Krieges sind die Oberbefehlshaber oder die Befehlshaber der selbständigen Truppenteile oder von Festungen.

Der Abschluss erfolgt gewöhnlich durch Parlamentäre; besondere Arten der Verträge sind Kartelle, Kapitulationen, Schutzbriefe, Loslassungsverträge.

2. Waffenruhe wird für eine bestimmte Zeit, ein bestimmtes Gebiet, zu bestimmtem Zwecke abgeschlossen.

3. Waffenstillstand ist das Aufhören der gesamten Kriegstätigkeit für eine bestimmte Zeit; er wird entweder allgemein oder (als besonderer Waffenstillstand) nur für bestimmte Truppenkörper oder Örtlichkeiten abgeschlossen.

§ 34. **Die Beendigung des Krieges** kann ohne oder mit Abschluß eines Friedens erfolgen.

1. Ohne Frieden: wenn das feindliche Land erobert und daher kein selbständiger Staat mehr vorhanden ist; dann erfolgen Abmachungen über die Verhältnisse des unterworfenen Herrschers.

2. Mit Frieden: nach Erreichung des Zweckes des Krieges. Gewöhnlich finden vorher Präliminarien statt, hierauf erfolgt der Definitivfriede. Die Form des Friedensvertrages ist regelmäßig schriftlich. Inhalt: bei einfachen oder reinen Friedensverträgen wird der Friedenszustand festgestellt; sonst werden häufig Zusätze über die Entschädigung in Geld und Land, Gefangene, Schiedsrichter über eventuelle Zweifel, Erfüllung der Verbindlichkeiten, staatsrechtliche Neuschöpfungen gemacht. Auch eine Amnestie- oder Vergessenheitsklausel wird aufgenommen, d. h. jede durch den Krieg erfolgte Schädigung soll vergessen sein.

6. Kapitel.

Die Neutralität.

§ 35. **Neutraler Staat** ist ein Staat, welcher während eines Krieges Frieden hält und nicht Partei ergreift.

I. Man unterscheidet: 1. vertragsmäßige Neutralität, welche von Fall zu Fall vereinbart wird; — 2. dauernde Neutralität, welche für alle Zeiten zugesagt oder aufgelegt ist, und auf Grund deren der dauernd neutrale (neutralisierte) Staat sich verpflichtet, keine Offensivkriege zu führen. Er behält jedoch das Recht zur Führung von Verteidigungskriegen.

Neutralisiert sind: die Schweiz seit 1815, Belgien 1831, Luxemburg 1867, Kongostaat 1885.

II. Bewaffnete Neutralität bedeutet, daß der Staat zur Wahrung seiner Neutralität Truppen aufstellt (1780, Rußland).

Keine Neutralität ist die unvollkommene und die wohlwollende. — Partielle Neutralität (d. h. für einen Teil des Landes) ist statthaft.

§ 36. **Die Rechtsstellung der Neutralen** bestimmt sich durch ihre Stellung als unabhängige Staaten, deren friedlicher Verkehr infolge der Streitigkeiten fremder Staaten nicht mehr als notwendig gehindert werden darf.

I. Pflichten: Unparteilichkeit, keine Begünstigung der einen oder anderen Kriegspartei; eventuell Vergünstigungen an beide gleichmäßig. Verantwortlichkeit für jede Handlung der Untertanen.

II. Rechte: Unverletzlichkeit des Gebietes, Anspruch auf Achtung.

Bei Uebertritt von Truppen einer Kriegspartei auf neutrales Gebiet erfolgt Entwaffnung; bei Massenübertritten vorheriger Vertrag, z. B. zwischen Bourbaki und der Schweiz am 1. Februar 1871.

§ 37. **Die neutrale Schiffahrt.** Die Kriegsschiffe der Kriegsparteien dürfen neutrale Schiffe anhalten und visitieren; hat ein neutrales Schiff Kriegskonterbande, dann erfolgt Konfiskation.

I. Auf Grund der Pariser Seerechtsdeklaration von 1856 gelten folgende Sätze:

1. Frei Schiff, frei Gut (außer Konterbande): le pavillon neutre couvre la marchandise ennemie.

2. Für neutrale Ladung auf feindlichem Schiffe galt früher: unfrei Schiff, unfrei Gut; durch die Pariser Deklaration ist 1856 ebenfalls festgesetzt: la marchandise neutre, à l'exception de la contrebande de guerre, n'est pas saisissable sous pavillon ennemi, oder: unfrei Schiff, frei Gut.

II. Als Kriegskonterbande werden alle Gegenstände angesehen, die:

1. unmittelbar dem Kriege dienen, z. B. Pulver, Waffen, Geschütze,

2. mittelbar dem Kriege bestimmt sind, z. B. Lebensmittel, Kohlen, die nach dem Kriegsschauplatze gehen.

Manche bezeichnen die Beförderung von Diplomaten, Depeschen, Nachrichten als Quasikonterbande oder als verbotene Transporte.

Ist ein neutrales Handelsschiff (nur ein solches! nicht: ein neutrales Kriegsschiff; nicht: ein feindliches Handelsschiff) einer Konterbandehandlung verdächtig, so übt der Kreuzer der kriegführenden Macht zunächst das Anhalterecht aus, d. h. er signalisiert dem neutralen Handelsschiffe, dass es beidrehen solle. — Hierauf findet die Untersuchung der Schiffspapiere, ev. eine Durchsuchung statt. — Bestätigt sich der Verdacht, so erfolgt die Aufbringung und Wegschleppung nach einem Hafen der kriegführenden Macht. Der Kapitän des neutralen Handelsschiffes wird vor ein Prisengericht gestellt (Berufung an den internationalen Prisengerichtshof, w. o. § 5, XII).

2. Abteilung.

Internationalrecht.

§ 38. Geschichtliche Entwickelung. I. In ältester Zeit herrscht absolutes Intoleranzprinzip; bei den Römern ist des ius civile nur der römische Bürger teilhaftig, vgl. Band 18. — Bei den Germanen gilt das Prinzip der persönlichen Rechte (Band 19); nur bei den Ostgoten gilt für diese das gleiche Recht wie für die Römer (edictum Theodorici).

Von dem Fremden gilt daher in ältester Zeit: extraneus liber vivit, servus moritur. — Wildfangsrecht, ius albinagii, droit d'aubaine; gabella hereditaria, gabella emigrationis; Authentica Omnes peregrini.

II. Die Ausbildung des Internationalrechtes ist ausschließlich durch die Theorie erfolgt; erst in neuester Zeit sind internationale Vereinbarungen getroffen worden, um die Materie auf einzelnen Gebieten zu regeln.

1. Der Postglossator Bartolus hat (in rein äußerlicher Anschließung an die von Gajus gegebene Dreiteilung des Systemes) die Statutentheorie (Lehre von der Kollision inländischer und ausländischer Rechte) aufgestellt und hierbei unterschieden:

a) statuta personalia, d. h. die auf die Person sich beziehenden Rechtssätze, richten sich nach dem Rechte des Wohnsitzes.

b) statuta realia, d. h. die auf Sachen sich beziehenden Rechtssätze, richten sich nach dem Rechte des Ortes, an welchem sich die Sache befindet.

Dies gilt jedoch nur für unbewegliche Sachen (forum rei sitae); — bewegliche Sachen werden nach dem Rechte, welches am Wohnsitze des Berechtigten gilt, beurteilt: mobilia ossibus inhaerent.

c) statuta mixta, d. h. die auf Rechtshandlungen (actiones) sich beziehenden Rechtssätze, richten sich nach dem Rechte des Ortes, an welchem die Handlung vorgenommen wird.

Die Statutentheorie ist in vielen Beziehungen unklar, versagt auch in schwierigeren Fragen. In verbesserter Form wird sie von von Savigny (System Band 8) gelehrt: massgebend ist das Recht des Ortes, an welchem das Rechtsverhältnis seinen Sitz hat. — Nach Wächter ist fremdes Recht nur dann anzuwenden, wenn es dem einheimischen Rechte entsprechend ist.

2. In der neueren Theorie streiten die Anhänger des alten Domizilprinzipes gegen die Vorkämpfer des Nationalitätsprinzipes (entscheidend soll die Staatsangehörigkeit der Partei sein).

Als lex patriae bezeichnet man die Gesetze des Staates, welchem eine Person angehört.

Lex domicilii sind die Gesetze, welche an dem Wohnorte einer Person gelten.

III. Nationale Normen, d. h. Gesetze eines Staates, können das Internationalrecht nicht regeln, sondern nur Bestimmungen für den Fall treffen, daß nach Internationalrecht das Recht dieses Staates für anwendbar erklärt wird.

Gleichwohl ist der Einfluß nationaler Normen schon deshalb unvermeidbar, weil der Richter gehalten ist, den Gesetzen seines Landes, z. B. Einf-B 7—31, S 4, zu folgen.

1. Prinzipiell gilt nach deutschem Rechte die Gleichwertigkeit aller Rechte; es kann jedoch durch Anordnung des Reichskanzlers unter Zustimmung des Bundesrates ein Vergeltungsrecht (w. o. Seite 20) gegen einen ausländischen Staat sowie dessen Angehörige und ihre Rechtsnachfolger angewendet werden, Einf-B 31.

Einf-B 31 ist einer politischen Myopie zu verdanken; besser wäre es, die Anwendbarkeit fremden Rechtes von der Verbürgung der Gegenseitigkeit abhängig zu machen.

2. Fremdes Recht darf nicht angewendet werden, wenn seine Anwendung (nicht nur die Norm selbst) gegen die guten Sitten oder gegen den Zweck eines deutschen Gesetzes verstoßen würde, Einf-B 30.

3. Die Rückverweisung ist in Einf-B 27 anerkannt, d. h. ist nach den Normen des Einf-B das ausländische Recht anzuwenden und besagt nun in einem solchen Falle das ausländische Recht, es sei deutsches Recht anzuwenden, dann gilt in diesem Falle deutsches Recht.

Dagegen ist nicht gesetzlich anerkannt die Weiterverweisung, d. h. wenn nach Einf-B auf das ausländische Recht verwiesen wird und nun dieses (nicht auf deutsches, sondern) auf ein anderes ausländisches Recht verweist; — diese Verweisung soll nicht massgebend sein.

§ 39. Die internationale Regelung des Internationalrechtes ist die vornehmste Rechtsquelle des Internationalrechtes; sie ist auf den verschiedensten Gebieten zu beobachten.

I. Personenrecht: Bekämpfung des Sklavenraubes und des Sklavenhandels, Brüsseler Generalakte vom 2. Juli 1890; — Bekämpfung des Mädchenhandels, Pariser Abkommen vom 18. Mai 1904.

II. Privatrecht und Prozeß, insbesondere auf Grund der Haager Konferenzen von 1893, 1894, 1900, 1904.

1. Prozeßkonvention, in Geltung bis zum 27. April 1909.

2. Kodex des internationalen Familienrechtes:

a) Konvention zur Regelung des Geltungsbereiches der Gesetze auf dem Gebiete der Eheschließung.

b) Konvention zur Regelung des Geltungsbereiches der Gesetze auf dem Gebiete der Ehescheidung und der Trennung von Tisch und Bett.

c) Konvention zur Regelung der Vormundschaft über Minderjährige.

3. Konvention über Erbrecht.

4. Konvention über die persönlichen Verhältnisse der Ehegatten und das eheliche Güterrecht.

5. Konvention über Entmündigung und ähnliche Schutzmaßregeln.

6. Über Zustellungen, Rechtshilfeersuchen, Prozeßkosten, Bewilligung des Armenrechtes: das Abkommen vom 14. November 1896.

III. Urheber- und Erfinderrecht:

1. Literatur: Berner Konvention vom 9. September 1886; Pariser Zusatzakte und Deklaration vom 4. Mai 1896; — Revidierte Berner Übereinkunft d. d. Berlin, 13. November 1908.

2. Internationale Union für gewerblichen Rechtsschutz: Pariser Konvention vom 20. März 1883.

IV. Strafrecht: Auslieferungsverträge; Grenzverträge bzgl. Verfolgung flüchtiger Verbrecher.

Über die Regelung im S siehe Band 15 4.

V. Verwaltungsrecht:

1. Sanitätspolizei gegen Einschleppung von Cholera und Pest: Pariser Konvention vom 3. Dezember 1903.

2. Unterdrückung der schwimmenden Branntweinschänken auf der Nordsee: Haager Vertrag vom 16. November 1887.

3. Reblauskonvention von 1878, 1881.

4. Schutzmaßregeln für Vögel 1902, für Robben 1894.

§ 40. Internationales Privatrecht ist in Einf B 7—31 für das Deutsche Reich reichsrechtlich geregelt (internes internationales Privatrecht); streitig ist, ob diese Regelung kodifikatorisch erfolgt ist, oder ob dem Landesrechte Raum zur Ergänzung geblieben ist.

Streitig ist auch, ob auf dem Gebiete des Landesprivatrechtes diese reichsrechtlichen Normen (gemäss Einf-B 4) angewendet werden müssen.

Das Sachenrecht ist im Einf-B nicht geordnet, weil allgemein die lex rei sitae maßgebend ist.

I. Für das Personenrecht ist grundsätzlich die Staatsangehörigkeit maßgebend (lex patriae).

1. Die Geschäftsfähigkeit wird nach der lex patriae beurteilt, Einf-B 7, Abs. 1. — Bei Anationalen gilt die lex patriae pristinae oder (bei deren Fehlen) die lex domicilii, Einf-B 29.

Ein Naturalisierter behält seine fremdrechtliche Volljährigkeit, auch wenn er nach deutschem Rechte nicht volljährig wäre, Einf-B 7, Abs. 2.

Die Geschäftsfähigkeit eines Ausländers wird nach deutschem Rechte beurteilt, wenn er nach deutschem Rechte (nicht aber nach seiner lex patriae) geschäftsfähig ist, Einf-B 7, Abs. 3. — Dies gilt nur für die im Inlande vorgenommenen Rechtsgeschäfte, welche nicht das Familienrecht, das Erbrecht oder ein ausländisches Grundstück betreffen.

2. Für die Entmündigung eines im Inlande wohnenden Ausländers gilt die lex domicilii, Einf-B 8.

3. Ein verschollener Deutscher kann im Inlande nach deutschem Rechte für tot erklärt werden, auch wenn nach dem Beginne der Verschollenheit seine Nationalität verändert sein sollte, Einf-B 9, Abs. 1.

4. Internationales Vereinsrecht: Einf-B 10.

II. Das Obligationenrecht. — Über die Beurteilung des Inhaltes eines Rechtsgeschäftes fehlt eine Vorschrift.

1. Form der Rechtsgeschäfte: grundsätzlich ist das Recht anzuwenden, welches für das den Gegenstand des Rechtsgeschäftes bildende Rechts-

verhältnis maßgebend ist; — es genügt die Beobachtung des Rechtes desjenigen Ortes, an welchem das Rechtsgeschäft vorgenommen wird, Einf-B 11, Abs. 1; locus regit actum.

Das Ortsrecht ist nicht genügend für ein Rechtsgeschäft, durch welches ein Recht an einer Sache begründet oder über ein solches Recht verfügt wird, Einf-B 11, Abs. 2.

2. Die Haftung eines Deutschen für eine im Auslande verübte unerlaubte Handlung begrenzt sich durch die deutschen Normen, Einf-B 12.

III. Das Familienrecht.

1. Die Eingehung der Ehe wird nach der lex patriae beurteilt, Einf-B 13, Abs. 1.

2. Die Form einer im Inlande abgeschlossenen Ehe richtet sich ausschließlich nach deutschem Rechte, Einf-B 13, Abs. 3.

3. Die persönlichen Rechtsbeziehungen deutscher Ehegatten richten sich, auch bei ausländischem Wohnsitze, nach deutschem Rechte, Einf-B 14, Abs. 1.

4. Geht ein deutscher Mann eine Ehe ein, so gilt deutsches eheliches Güterrecht, Einf-B 15, Abs. 1.

Im übrigen ist stets die lex patriae des Mannes massgebend, Einf-B 15, Abs. 2; aber eine Änderung durch Ehevertrag ist stets zulässig.

5. Das Scheidungsrecht richtet sich nach der lex patriae des Mannes zur Zeit der Klageerhebung, Einf-B 17, Abs. 1; — aber deutsches Recht gilt dann, wenn zur Zeit der Klageerhebung auch nur die Frau eine Deutsche ist, Einf-B 17, Abs. 3.

Materiell sind zwei Grundsätze zu beachten:

a) Im Inlande kann auf Grund fremden Rechtes nur dann auf Scheidung oder auf Aufhebung der ehelichen Gemeinschaft erkannt werden, wenn sowohl nach fremdem als auch nach deutschem Rechte die Scheidung zulässig sein würde, Einf-B 17, Abs. 4.

Als Scheidungsgrund gilt nur ein solcher Tatbestand, welcher zur Zeit seiner Entstehung gemäss der damaligen lex patriae des Mannes ein Scheidungs- oder Trennungsgrund war, Einf-B 17, Abs. 2.

6. Die eheliche Abstammung und das Rechtsverhältnis eines ehelichen Kindes zu seinen Eltern wird, wenn der Vater zur Zeit der Geburt des Kindes Deutscher war, nach deutschem Rechte beurteilt, Einf-B 18, 19.

Das Rechtsverhältnis eines unehelichen Kindes zur Mutter richtet sich, wenn diese Deutsche war, nach deutschem Rechte, Einf-B 20. — Die Pflichten des Erzeugers beurteilen sich nach der lex patriae der Mutter zur Zeit der Geburt des Kindes, Einf-B 21; Anspruchsgrenze: deutsches Recht.

Legitimation und Kindsannahme: nach deutschem Rechte, wenn der Legitimant oder Wahlvater Deutscher ist, Einf-B 22, Abs. 1.

7. Ein Ausländer, der nach seiner lex patriae der Fürsorge bedarf oder im Inlande entmündigt ist, kann im Inlande unter Vormundschaft oder Pflegschaft gestellt werden, Einf-B 23.

IV. Für das Erbrecht gilt prinzipiell die lex patriae des Erblassers: ein Deutscher wird — auch im Falle ausländischen Domizils — nach deutschem Rechte beerbt, Einf-B 24, Abs. 1; ein Ausländer wird — auch bei inländischem Domizil — nach seinem Heimatsrechte beerbt, Einf-B 25, Satz 1.

1. Die Erben eines im Auslande domizilierten Deutschen können sich bezüglich der Erbenhaftung (neben deutschem Rechte) auch auf die lex domicilii berufen, Einf-B 24, Abs. 2.

2. Wird ein im Inlande domizilierter Ausländer beerbt, so kann ein Deutscher erbrechtliche Ansprüche auch dann geltend machen, wenn sie nur nach deutschem Rechte begründet sind, Einf B 25, Satz 2.

Ausnahme: reine Beerbung nach fremdem Rechte, wenn nach diesem Rechte uneingeschränkte Reziprozität herrscht, Einf-B 25, Satz 2, d. h. also, wenn ein in dem fremden Staate domizilierter Deutscher ausschliesslich nach deutschem Rechte beerbt werden würde.

3. Die Erbfolge wird gegen Eingriffe Dritter geschützt, Einf-B 26: ist im Auslande ein Nachlaß nach fremdem Rechte eröffnet und darauf durch Vermittelung deutscher Behörden ins Inland zur Herausgabe an die nach fremdem Rechte berechtigten Erben oder Vermächtnisnehmer gelangt, so kann kein anderer (als vermeintlicher Erbe oder Vermächtnisnehmer) der Herausgabe an jene widersprechen.

FSC
www.fsc.org
MIX
Papier | Fördert
gute Waldnutzung
FSC® C083411

Kolibri 360 GmbH
Ferdinand-Jühlke-Straße 7
99095 Erfurt, Deutschland
produktsicherheit@kolibri360.de